FÉODALITÉ ET CROISADES

Collection dirigée par Philippe Godard.

Comité scientifique d'historiens : Dominique Borne, inspecteur général de l'Éducation nationale ; Jean Chélini, professeur des Universités et président du conseil scientifique de l'Institut de droit et d'histoire religieuse d'Aix-en-Provence ; Joël Cornette, professeur à l'université Paris-VIII – Vincennes-Saint-Denis ; Claude Mossé, professeur émérite de l'université Paris-VIII.

Direction artistique : Kamy Pakdel, studio Autrement.

Cartographie : Isabelle Lewis
Carte du monde illustrée : Sophie Duffet
Conception : Philippe Godard et Sandrine Mini.
Suivi éditorial : Astrid Desbordes et Laurence Lhommedet.

FÉODALITÉ ET CROISADES

Le Moyen Âge. x^{e} - xve siècle

par Philippe Godard et Claude Merle
relecture scientifique par Jean Chélini

Autrement Junior Histoire veut aider les jeunes lecteurs à réfléchir au sens de l'Histoire à partir d'une période précise ou d'un grand thème transversal. Chaque volume, ponctué de cartes et d'images d'époque, met en scène quelques moments forts et pertinents grâce à des récits qui ouvrent à une véritable analyse et compréhension des événements.

INTRODUCTION

L'approche de l'an Mil a-t-elle frappé de terreur les hommes du Moyen Âge ? Certains historiens l'ont prétendu. L'apôtre Jean, dans le dernier livre de la Bible, l'Apocalypse, avait annoncé que, mille ans après la naissance du Christ, le démon qui avait été enchaîné serait délivré, et libérerait les forces du Mal sur la Terre. Éclipses, comète, épidémies, famines, tremblements de terre, apparitions du démon, de 960 à 1040, toutes sortes de prodiges et de catastrophes semblent annoncer la fin du monde.

En réalité, les hommes de ce temps ignorent la prédiction de saint Jean et ne se soucient guère de la fin du monde. La plupart d'entre eux ne connaissent même pas la date de l'année en cours. L'Église et les prêtres n'annoncent pas la fin du monde, mais expliquent que les fléaux qui accablent la Terre sont une punition de Dieu, pour inciter les fidèles à se repentir de leurs péchés et à faire pénitence.

L'Église ne se borne pas à semer l'inquiétude. Elle suscite l'espoir et s'efforce d'améliorer le sort des hommes. Contre la violence de la société féodale en train de naître, elle impose des règles aux chevaliers en instituant la "trêve de Dieu", l'interdiction de se battre le dimanche et durant les grandes fêtes religieuses, et en proclamant la "paix de Dieu" pour protéger les clercs, les pauvres, les femmes et les enfants. Même si les guerriers ne respectent pas toujours ces interdits, une idée s'impose : la guerre est une offense à Dieu. Ainsi, l'Église tempère la violence.

En même temps, un grand mouvement de foi anime la société féodale du XIe au XIVe siècle. Cet élan, lié à un essor économique, démographique, urbain et artistique, couvre l'Europe d'églises et de cathédrales et lance des armées contre les ennemis du Christ : les infidèles et les hérétiques. Ce sont les croisades, à l'initiative du pape.

Les monarchies se renforcent. Les invasions, qui menaçaient jadis les vestiges de l'Empire carolingien, sont peu à peu oubliées. La société médiévale européenne est devenue conquérante.

SOMMAIRE

p. 28

p. 32

angleterre
france
empire carolingien
portugal
espagne
AMERIQUE

EUROPE
st empire romain germanique
états latins d'orient
empire byzantin
ASIE
alie
FRIQUE
OCEANIE

FÉODALITÉ et chevalerie

Le 28 avril 1202, le roi de France Philippe Auguste convoque devant sa cour, à Paris, son vassal le roi d'Angleterre Jean sans Terre – le successeur de Richard Cœur de Lion –, accusé de manquer à ses devoirs envers son suzerain. En effet, Jean sans Terre, par les fiefs de Normandie, de Maine et d'Anjou, est vassal du roi de France. Jean sans Terre ne se présente pas à la cour. Cette dernière prononce alors à son encontre la commise, c'est-à-dire la confiscation de ses domaines français.

Un tel acte, relativement exceptionnel, illustre l'importance d'un système de gouvernement qui a été celui de l'Europe, du Xe au XIIIe siècle, dans les États nés du partage de l'Empire carolingien – la France, l'Allemagne et l'Italie – ainsi que dans les pays qui ont subi leur influence : l'Angleterre, l'Espagne et les États latins d'Orient nés des croisades. On appelle ce système le régime féodal.

Les liens entre les hommes

La féodalité est un type de société où les hommes dépendent étroitement les uns des autres. Cette dépendance, c'est la vassalité (du celtique *gwas* qui signifie "serviteur").

Déjà, sous les Mérovingiens – la première dynastie de rois francs du VIe au VIIIe siècle –, lorsqu'un roi venait à mourir, son royaume était partagé entre ses fils, ce qui suscitait des rivalités et des luttes fratricides (du latin *frater*, "frère"). Le désordre qui en résultait incitait les hommes libres capables de faire la guerre à se ranger derrière des personnages plus puissants dont ils devenaient les vassaux. Ils étaient tenus, en échange, de leur rendre certains services, la plupart militaires. Celui qui accueillait ces hommes devenait leur seigneur. Il pourvoyait à l'armement et à l'entretien de ses vassaux en leur accordant les revenus d'une terre, le fief.

À l'époque carolingienne, les ducs, les comtes et les seigneurs ecclésiastiques – évêques et abbés – reçoivent des rois, en échange de leur service et de leur fidélité, des domaines importants, sources de revenus

Le vassal, le duc Louis de Bourbon, place ses mains entre celles de son seigneur, le roi Charles V. C'est le cérémonial de l'hommage qui engage Louis, à qui le roi de France a remis le fief de Clermont-en-Beauvaisis.

leur permettant d'entretenir à leur tour des vassaux. Les souverains pratiquent cette politique pour asseoir leur autorité sur les dignitaires du royaume et renforcer l'autorité de ces fidèles sur leurs propres serviteurs. Mais après la mort de Charles le Chauve (877), les rois carolingiens n'exercent que faiblement le pouvoir et laissent la féodalité devenir héréditaire. Dès lors que le fils d'un comte succède à son père, il n'est plus à proprement parler un officier du roi, mais un seigneur féodal. La féodalité se développe du Xe au XIIIe siècle, elle devient le ciment de la société. Simultanément, elle s'accompagne d'un cérémonial et d'un statut juridique. Le vassal qui se recommande à un seigneur, appelé encore suzerain, joint les mains et les place entre les mains de celui-ci. Puis il prête serment de fidélité sur un objet sacré, une relique – fragment d'un corps saint – un autel ou l'Évangile. En échange, il reçoit un fief qui lui permet de subsister et de s'équiper pour la guerre. Car la plupart de ces hommes sont des guerriers ; on les appelle milites (de *miles*, en latin, le "soldat", le "combattant").

La chevalerie

Le but majeur du contrat vassalique est de procurer des combattants aux seigneurs, dont la richesse et la puissance dépendent de leur force militaire. Peu à peu, le miles, le soldat, va devenir un professionnel, qui pratique le métier des armes. Nous avons l'habitude de l'appeler chevalier parce qu'il combat à cheval. Les chevaliers sont des guerriers d'élite qui disposent d'un cheval et d'un armement complet. Puis, au fil du temps, cette fonction guerrière s'est identifiée à un idéal, dicté par l'aristocratie en quête de fidélités et par l'Église qui s'efforce de maîtriser la violence. Outre le maniement des armes, les vertus qu'on exige des chevaliers sont multiples : loyauté envers son seigneur et ses compagnons, vaillance au combat, protection des faibles, respect des biens d'Église, courtoisie à l'égard des femmes.

On devient chevalier par l'adoubement, cérémonie au cours de laquelle le jeune guerrier, après une nuit de méditation et de prière,

reçoit un destrier, cheval de guerre, des éperons, une épée, un haubert et un heaume, équipement coûteux qu'il faut mériter. C'est pourquoi, avant de faire partie de cette caste privilégiée, le chevalier apprend durement son métier. Fils de vassal, il effectue souvent son apprentissage dans le château du seigneur dont il est écuyer. Pendant de longues années, il endurcit son corps par la pratique de l'équitation et le maniement des armes. Il se pénètre également des vertus morales qu'on attend de lui. La première de toutes est la loyauté, mais aussi la charité envers les faibles.

Devenu chevalier à son tour, il sera le fidèle vassal de son seigneur qu'il a appris à servir, en répondant à son appel, en assurant la garde de ses châteaux, en combattant pour lui et en siégeant à ses côtés dans son conseil. En échange, le seigneur lui assurera sa protection et il le dotera d'un fief ou lui accordera le droit d'hériter celui de son père.

Trahir le serment de vassalité est une félonie, le non-respect de ses engagements envers son suzerain. Dans ce cas, la sanction du seigneur peut conduire à la confiscation du fief, puisque le contrat qui le liait à son vassal est rompu. C'est ce qu'a estimé la cour de Philippe Auguste en 1202.

Dès le XIIIe siècle, cependant, la cérémonie de l'adoubement et l'équipement d'un chevalier entraînent de telles dépenses que les seigneurs renoncent de plus en plus à les financer. Comme ils sont tenus de procurer au roi un certain nombre de chevaliers, en cas de conflit, ils préfèrent payer à la place une taxe d'écuage, qui les dispense de fournir le nombre de chevaliers prévu par le contrat vassalique et permet au roi de recruter des mercenaires.

La chevalerie est réservée alors aux fils des riches seigneurs. À l'origine, elle était un métier : celui des armes. Désormais, elle tend à devenir un honneur réservé à la noblesse, indépendant parfois de la valeur militaire. L'idéal moral du chevalier s'estompe devant la recherche éperdue de la prouesse, la caricature ultime de cette évolution s'incarnant dans le personnage ridicule de Don Quichotte.

Excès et limites de la féodalité

Sous les Carolingiens, il est interdit à un vassal de contracter des engagements à l'égard de plusieurs seigneurs ou suzerains. Cependant, dès le Xe siècle, cette règle tend à disparaître. Dans les relations entre seigneur et vassal, le fief joue désormais le rôle essentiel. Poussés par le désir d'acquérir de nouveaux bénéfices, les vassaux rendent hommage à plusieurs seigneurs, entre lesquels ils choisissent librement, en cas de guerre.
D'autre part, les seigneurs s'interposent de plus en plus entre leurs vassaux et le roi. Ces vassaux vont à la guerre sous leurs ordres. Le roi ne peut pas les convoquer directement : "Le vassal de mon vassal n'est pas mon vassal." Autrement dit, les liens unissant le seigneur et son vassal sont plus forts que les liens de dépendance entre le roi et ses sujets. Cette situation va à l'encontre du principe qui avait poussé les Carolingiens à laisser se constituer la vassalité : au lieu de renforcer le pouvoir royal, la vassalité l'affaiblit.

C'est sous le règne de Philippe Auguste que se développe une nouvelle conception du pouvoir royal. Le roi, suzerain suprême, se situe au sommet de la pyramide féodale. Il ne rend hommage à personne car il a été sacré et ne tient son pouvoir et sa légitimité que de Dieu. Il exige de ses sujets l'hommage lige qui les engage à une fidélité absolue, supérieure à tous les engagements vassaliques. Il a le droit d'intervenir partout, auprès de ses sujets, sans autres limites que l'intérêt du royaume et la justice. Ainsi, la suzeraineté, après avoir sauvé la souveraineté en la plaçant au sommet du système féodal, lui rend son plein exercice, entraînant le dépérissement du système féodal.

HUGUES CAPET est élu roi

l'an 987

Les Carolingiens contestés par leurs vassaux

Dans les années 870-880, les “hommes du Nord”, les Normands – ou Vikings comme ils se nomment eux-mêmes – s’infiltrent partout dans le royaume franc. Grâce à leurs bateaux à fond plat, ils peuvent tout autant naviguer en pleine mer que remonter fleuves et rivières. En novembre 885, ils mettent le siège devant Paris, qui, à l’époque, se réduit à l’île de la Cité. La ville est défendue par Eudes, le comte de Paris, qui repousse l’attaque des Vikings durant l’hiver 886.

Il réussit à quitter Paris pour chercher des renforts, puis rentre livrer combat. Eudes est un héros. À l’inverse, l’empereur carolingien, Charles le Gros, plutôt que de combattre les Vikings, choisit de leur verser un tribut – il les encourage à aller piller la Bourgogne et les paie pour qu’ils laissent Paris en paix.

Le 13 janvier 888, Charles le Gros meurt. Or le Carolingien qui doit lui succéder sur le trône n’est qu’un enfant de huit ans, lui aussi prénommé Charles. Les seigneurs du nord de la Francie – on ne dit pas encore “France” à cette époque – veulent un chef fort, un roi qui sache diriger les opérations militaires contre les Vikings, toujours plus menaçants. Ils se réunissent et élisent le défenseur de Paris, Eudes, qui régnera dix ans. Puis Eudes Ier désigne le Carolingien Charles, devenu adulte, comme son successeur. En 898, avec le nouveau roi Charles III, dit le Simple, l’ordre de succession des Carolingiens est ainsi rétabli. Mais l’élection d’Eudes Ier par les autres grands vassaux a montré qu’un seigneur prestigieux peut s’emparer de la couronne royale.

Tant bien que mal, les Carolingiens parviennent à conserver le trône de Francie, hormis pendant quelques années, de 922 à 936. En 980, le roi des Francs est le Carolingien Lothaire. La région sur laquelle le roi garde le plus d’influence se concentre au nord-est de la Francie, tout autour des villes de Troyes, de Châlons, de Reims et d’Amiens. Mais il doit compter avec Hugues le Grand, un seigneur puissant qui est le neveu d’Eudes Ier.

Hugues le Grand est “duc” de France – “duc” est alors un titre militaire et le mot provient du latin *dux*, “général”. Chaque duc commande une zone d'opérations militaires : Hugues le Grand commande le duché de France, l'Île-de-France, Paris et ses alentours. Il a un fils vers 940, qu'on connaît sous le nom d'Hugues Capet. Quand Hugues le Grand meurt, en 956, Hugues Capet reprend le titre de son père et devient le nouveau duc de France. Grâce à ses alliances, l'influence d'Hugues Capet dépasse la région de Paris et s'étend vers l'ouest jusqu'en Anjou, et vers l'est jusqu'en Bourgogne.

Le sacre d'Hugues Capet est le témoignage éclatant de la faveur de l'Église. Le roi est élu par les vassaux, et le Dieu des chrétiens confirme cette élection lorsque l'évêque accomplit les gestes du sacre.

Les Carolingiens perdent la couronne

Le roi Lothaire cherche lui aussi à étendre son royaume vers l'est. Or, en 983, l'empereur germanique Otton II, dont le territoire se situe à l'est de la Francie, décède alors que son fils Otton III est encore un enfant. Une régence se met en place, comme chaque fois qu'un garçon trop jeune hérite d'un trône ; à ce moment-là, des adultes – la mère ou les oncles du petit roi – dirigent le royaume. Toute période de régence est dangereuse, car les seigneurs cherchent à profiter de la jeunesse du roi pour se révolter et agrandir leur territoire. Lothaire veut donc profiter de la régence dans l'Empire germanique pour en conquérir une partie, la Lorraine. Il réunit une armée, s'empare de la ville de Verdun et de la Lorraine au début de 985.
Cette conquête inquiète le puissant archevêque de Reims, Adalbéron. Celui-ci ne veut pas d'un roi carolingien trop fort, qui pourrait finir par dominer l'Église. Adalbéron cherche des alliés pour affaiblir Lothaire et obtient l'appui d'Hugues Capet, qui a lui aussi tout intérêt à contenir Lothaire, pour accroître son propre pouvoir.
En 986, Lothaire meurt. Le pouvoir revient à son fils Louis V, qui poursuit la politique agressive de son père contre l'Empire germanique

d'Otton III. Tout bascule lorsque Louis V meurt d'un accident de chasse, le 21 ou le 22 mai 987. Il n'a pas de fils. Qui va hériter de la couronne ? Son oncle Charles de Lorraine ? Les grands seigneurs du royaume ne l'aiment pas : ce prince n'a pas hésité à combattre pour le compte d'un souverain étranger, donnant un mauvais exemple au royaume. Les seigneurs décident donc d'élire eux-mêmes le nouveau roi, comme un siècle plus tôt, en 888, à la mort de Charles le Gros.
Lors de la réunion des vassaux pour l'élection du roi, l'intervention de l'archevêque Adalbéron est primordiale. Il trace le portrait du roi idéal, qui doit être sage, généreux, un modèle par la noblesse de ses actes, soucieux de son honneur. Ce portrait ne correspond pas à Charles de Lorraine, ajoute Adalbéron, mais bien au duc Hugues Capet. Grâce à l'aide de l'archevêque, Hugues Capet est élu roi par les seigneurs, sans doute au début de juillet 987.

Hugues Capet fonde une nouvelle dynastie

Les grands seigneurs qui viennent de choisir Hugues Capet se souviennent que le père de Charlemagne, Pépin le Bref, avait lui aussi pris le pouvoir en le confisquant au dernier Mérovingien, Childéric III, un roi trop faible. Et, grâce à l'efficacité du gouvernement de Pépin et de ses descendants, la dynastie carolingienne s'était imposée à tous. En 987, Hugues Capet semble être le meilleur candidat pour rétablir la paix avec l'Empire germanique, mais s'il veut fonder sa propre dynastie, il doit encore renforcer l'emprise de sa famille sur le trône et s'assurer que, désormais, la couronne de Francie ira à ses descendants.
Une fois élu roi, Hugues Capet se fait sacrer par l'archevêque Adalbéron. Lors du sacre, qui a lieu à Noyon, entre Reims et Amiens, le roi prononce un serment de fidélité à Dieu et reçoit l'onction : l'archevêque lui impose sur la tête, la poitrine, les épaules et entre les épaules, puis sur les mains un peu d'huile conservée dans une sainte ampoule et qu'un ange, selon une légende du IXe siècle, aurait apportée lors du baptême de Clovis. Le sacre fait du nouveau roi des Francs un élu de Dieu,

ce qui légitime sa présence sur le trône et lui assure le soutien de l'Église. Si l'appui de l'Église est nécessaire, il n'est pas suffisant. Hugues Capet sait que les seigneurs qui l'ont élu n'ont pas forcément choisi d'installer une nouvelle dynastie, la famille capétienne, à la tête du royaume. À sa mort, ils pourraient de nouveau élire un roi et ne pas choisir son fils, Robert. Aussi, pour assurer sa succession, Hugues fait sacrer roi le jeune Robert le jour de Noël 987, quelques mois seulement après lui. Durant quelques années, les Francs ont deux rois, puis, à la mort de Hugues Capet, en 996, Robert conserve seul la couronne – nous le connaissons sous le nom de Robert II le Pieux.

Le siècle des châteaux forts

Les premiers rois capétiens dépendent des vassaux qui les ont élus, et ils doivent satisfaire leurs diverses demandes. Dans les années 980, le royaume est divisé en une multitude de petites seigneuries, dominées par une motte – une levée de terre – sur laquelle est bâti le château du seigneur. Ces châteaux sont d'abord en bois, puis, à partir du XIe siècle, on commence à les construire en pierre. Ces seigneurs locaux ne sont pas les vassaux directs du roi, mais ses arrière-vassaux : ils dépendent d'un grand seigneur, lui-même vassal direct du roi, et le roi n'a guère de pouvoir direct sur eux.

Le roi élu, un âge d'or

Le souvenir de l'élection du roi resurgira à plusieurs reprises, lorsque la dynastie capétienne sera contestée. L'époque lointaine d'Eudes Ier et d'Hugues Capet sera alors évoquée comme un âge d'or où le souverain était proche du peuple et à son écoute. Les représentants du peuple le rappellent lors des états généraux de 1484, et des penseurs politiques protestants s'y réfèrent encore au XVIe siècle, sous le règne d'Henri III, six cents ans après l'élection d'Hugues Capet…

GUILLAUME LE CONQUÉRANT,

un Normand roi d'Angleterre

l'an 1066

Guillaume le Bâtard

Vers 1027, le duc de Normandie, Robert le Diable, a un fils d'une femme que les Francs ne considèrent pas comme son épouse, car le duc n'a pas payé de dot à la famille de sa compagne comme le veut la tradition. Cette femme est pourtant une compagne légitime aux yeux des Normands, et cette coutume leur vient des Vikings, dont Robert le Diable est un descendant. Les Francs, eux, considèrent que les enfants qui naissent d'une telle union ne sont que des bâtards ! L'enfant de Robert le Diable, auquel est donné le prénom de Guillaume, est donc surnommé Guillaume le Bâtard par les Francs. En 1035, lorsque meurt Robert le Diable, Guillaume le Bâtard devient pourtant duc de Normandie.

Qui va succéder à Édouard le Confesseur ?

Son éducation guerrière fait vite de Guillaume un soldat redouté : il est si habile qu'il repousse l'armée du roi de France, Henri Ier, lorsqu'il tente d'envahir la Normandie en 1054, et le bat à nouveau en 1057. Pourtant, le duc de Normandie reste le vassal du roi de France, qui a donné en fief la Normandie à son ancêtre. Les ducs de Normandie lui doivent fidélité, surtout lorsque le roi leur demande son aide militaire.
Ce genre de conflit entre le roi et ses vassaux est courant, à cette époque. De l'autre côté de la Manche, en Angleterre, depuis 1042 règne Édouard le Confesseur. Ce roi se préoccupe plus de préparer son salut et de convertir ses sujets au christianisme que de gouverner son royaume. Il n'a pas de fils pour hériter de la couronne, et, en 1051, il choisit comme successeur Guillaume de Normandie, qui est son neveu. Édouard écarte ainsi du trône la puissante famille de sa propre femme, Édith. Très mécontents, le père et les frères d'Édith quittent le royaume.
Ils y reviennent dès 1052 à la tête d'une armée, et gagnent le soutien des notables d'Angleterre, qui préfèrent voir un prince anglais succéder au roi Édouard. Tous craignent Guillaume, dont la réputation de guerrier invincible a franchi la Manche. De plus, les Anglais considèrent les

La célèbre tapisserie de Bayeux représente l'expédition victorieuse de Guillaume en Angleterre, le voyage vers l'Angleterre puis la bataille d'Hastings.

Normands, qui sont les descendants des Vikings, comme des barbares. Aussi, la famille d'Édith, particulièrement son frère Harold de Wessex, un puissant seigneur établi au sud de l'Angleterre, contraint Édouard à lui redonner sa place à la cour.

La bataille d'Hastings – 14 octobre 1066

Le 6 janvier 1066, Édouard le Confesseur meurt. Harold de Wessex se fait aussitôt couronner roi : il prétend qu'Édouard, sur son lit de mort, l'a désigné comme successeur, annulant ainsi la promesse faite à Guillaume de Normandie en 1051. Car tout ce qui est décidé à l'approche de la mort annule les volontés précédentes.
Guillaume de Normandie ne reconnaît pas Harold, et estime être le seul héritier du trône d'Angleterre. Il forme en quelques mois une puissante armée. Pour la transporter de l'autre côté de la Manche, il réunit une flotte de plusieurs centaines de bateaux qui s'élance le 28 septembre 1066 vers les côtes anglaises. Son armée débarque dès le lendemain au sud de l'Angleterre, et s'installe près de la ville d'Hastings. Quelques jours plus tôt, de l'autre côté de l'Angleterre, Harold de Wessex a dû repousser l'armée du roi de Norvège, qu'il tue le 25 septembre. Apprenant la nouvelle du débarquement de Guillaume, Harold engage alors son armée vers le sud, jusqu'à Hastings.
Le 14 octobre, les deux armées se mettent en position de combat. Les troupes de Harold installées sur de petites collines sont mieux placées que celles de Guillaume. Les Anglais forment un mur de boucliers et combattent à pied. Leurs meilleurs soldats se servent d'une grande hache, qu'ils manient à deux mains. Les Normands, eux, comptent des archers et sans doute quelques arbalétriers, qui vont à pied, ainsi que des chevaliers. Ces derniers portent un casque pointu, qu'on appelle un "nasal" car il les protège jusque sur le nez. Ils sont revêtus d'une longue cotte de mailles qui tombe jusqu'aux genoux, le haubert. Ils n'ont pas d'armure – les premières plaques de métal, les "plates", n'apparaissent qu'environ cent cinquante ans plus tard. Ils peuvent charger à cheval

SIO:
MARE

DERVNT
SIM

et enfoncer les lignes ennemies. La bataille commence mal pour les Normands. Dans l'après-midi, ne pouvant déloger les Anglais de leur hauteur, les Normands simulent une fuite. Aussitôt, les troupes de Harold dévalent les collines et se lancent à leur poursuite. Les Normands font alors demi-tour afin de livrer combat sans le désavantage de la pente à gravir. Les Anglais sont débordés, et Harold est tué durant le combat. Guillaume est vainqueur !

La Normandie entre France et Angleterre

Guillaume le Conquérant est couronné roi d'Angleterre le jour de Noël 1066, dans l'église de l'abbaye de Westminster. Lors de la cérémonie, il s'engage à respecter l'Église et le peuple qui l'acclame.
Guillaume est devenu roi d'Angleterre et, en tant que duc de Normandie, il demeure vassal du roi de France. C'est une situation nouvelle et peu commode. L'Angleterre semble n'être qu'une "annexe" de la Normandie !
Guillaume le Conquérant a trois fils. À sa mort, en 1087, l'aîné, Robert Courteheuse, hérite du duché de Normandie, et le cadet, Guillaume le Roux, monte sur le trône d'Angleterre. L'Angleterre rompt alors ses liens avec la France puisque le roi d'Angleterre et le duc de Normandie sont à nouveau deux personnages différents.
Guillaume le Roux meurt en 1100. Son plus jeune frère, Henri Ier Beauclerc, dernier fils de Guillaume le Conquérant, devient à son tour roi d'Angleterre. Henri se dispute avec son frère aîné Robert Courteheuse, et cette fois, c'est Henri, roi d'Angleterre, qui débarque en Normandie et conquiert le duché. De nouveau et pour un siècle, le roi d'Angleterre est vassal du roi de France, mais cette fois c'est la Normandie qui apparaît comme une possession anglaise ! L'ordre des choses s'est inversé en quelques dizaines d'années, puisqu'un roi étranger possède désormais un duché important qui fait partie du royaume d'un autre roi ! C'est ainsi que, du XIIe au XVe siècle, la France et l'Angleterre vont se disputer la Normandie et les autres possessions anglaises en France au cours de conflits souvent très meurtriers.

La conquête de l'Angleterre par Guillaume le Conquérant

1 ***Estuaire de la Dives, été 1066*** : départ de la flotte de Guillaume

2 ***Septembre 1066 :*** la flotte de Guillaume fait une escale à Saint-Valéry-sur-Somme, avant de partir pour l'Angleterre

3 ***29 septembre 1066 :*** la flotte de Guillaume arrive au port de Pevensey en Angleterre

4 ***14 octobre 1066 :*** Guillaume affronte les troupes anglaises à Hastings, et remporte la victoire

Chemin parcouru par les navires de Guillaume

LE PAPE contre l'empereur

l'an 1077

Né vers 1015 en Italie, le petit Hildebrand est, comme beaucoup de garçons pauvres à cette époque, confié à un monastère. Il devient moine et suit son professeur, nommé pape en 1045 sous le nom de Grégoire VI. Ce dernier meurt l'année suivante, mais Hildebrand reste à Rome, et devient un cardinal très influent. Élu pape en 1073, il prend le nom de Grégoire VII et décide de s'attaquer aux abus qui règnent dans l'Église.
À l'époque, beaucoup de prêtres et de moines ont pris l'habitude de vivre comme les autres, chrétiens, les laïcs, qui ne font pas partie du clergé. Les évêques – qui dirigent un territoire soumis à leur autorité, l'évêché ou diocèse – et les abbés – qui gouvernent les abbayes – ont souvent adopté la façon de vivre luxueuse des seigneurs féodaux et s'enrichissent en pratiquant la simonie : ils vendent des sacrements et des "choses saintes", ce qui est interdit par les lois de l'Église. Ces pratiques sont désignées sous le nom de "simonie" en souvenir de Simon le Magicien qui avait voulu acheter à saint Pierre le don de faire des miracles. Au XIe siècle, les riches familles n'hésitent pas à payer cher pour que l'un de leurs enfants obtienne un évêché ou une abbaye. En effet, l'évêque ou l'abbé touchent les revenus des domaines qui appartiennent à leur évêché ou à leur abbaye. Souvent aussi, ils perçoivent une partie de la dîme, l'impôt religieux, correspondant à la dixième partie des récoltes. À un niveau plus modeste, la simonie est pratiquée par les prêtres et les moines, qui vendent les sacrements, par exemple le mariage ou la célébration des funérailles. Ainsi, un véritable trafic enrichit tous les membres du clergé.
Dans les premiers siècles de l'Église, l'évêque – le chef de la communauté des chrétiens – était désigné par les fidèles. Mais après la chute de l'Empire romain et les invasions barbares, le pouvoir des évêques grandit. Les rois barbares comme Clovis et ses successeurs, puis la dynastie des Carolingiens voulurent contrôler le choix des évêques et, finalement, les nommer eux-mêmes. Ces nominations, ou "investitures", furent souvent précédées de négociations financières : les rois vendaient les évêchés au candidat le plus offrant. Et les évêques récupéraient leur argent en vendant à leur tour nominations et sacrements.
Grégoire VII veut remettre de l'ordre dans l'Église. Pour que cesse la simonie, il faut retirer aux rois l'investiture des évêques.

Le pape, représenté en haut de la gravure, décide pour le roi, figuré en dessous de lui. Il lui transmet un édit, que le roi doit lire puis faire respecter - ce que symbolise son épée.

Ces pratiques étaient très développées en Allemagne, dans le Saint Empire romain germanique, où l'empereur gouvernait avec l'aide des évêques qu'il nommait. L'empereur, qui est alors Henri IV de Hohenstaufen, refuse la réforme de Grégoire VII, et continue de nommer les évêques comme bon lui semble. La situation s'envenime lorsque, en 1075, Henri IV accorde l'archevêché de Milan, en Italie, à l'un de ses protégés. Le pape Grégoire refuse de reconnaître ce choix. Henri IV réunit alors les évêques allemands, leur demande de destituer le pape et d'en élire un nouveau, alors qu'ils n'ont pas ce pouvoir. En revanche, selon l'usage depuis Charlemagne (800), le pape "fait" l'empereur en le sacrant à Rome. Grégoire VII excommunie donc Henri IV : il l'exclut de la communauté des chrétiens.

Craignant qu'une rupture avec l'Église n'entraîne une guerre entre les chrétiens fidèles au pape et les partisans de l'empereur, les évêques allemands et les grands vassaux d'Henri IV parviennent à convaincre celuici de rechercher le pardon de Grégoire.

Henri IV part pour l'Italie rencontrer le pape. En plein hiver, le 25 janvier 1077, il arrive au château de Canossa, propriété de la comtesse Mathilde de Toscane, amie du pape, chargée d'arbitrer le différend. L'empereur se soumet : trois jours durant, il attend dans la neige le pardon du pape. Grégoire VII, devant lequel l'empereur s'est agenouillé, le relève et le réconcilie avec l'Église. Cette entrevue dramatique est restée célèbre dans l'histoire. La dispute concernant la nomination des évêques se prolonge pourtant jusqu'au concordat de Worms en 1122. L'empereur Henri V, fils d'Henri IV, renonce alors à nommer les évêques en leur remettant la crosse et l'anneau, symboles du pouvoir spirituel. Il s'engage à respecter la libre élection des évêques et des abbés, leur investiture spirituelle par le pape : le pape seul accorde aux évêques le pouvoir religieux sur les chrétiens de son évêché. Il obtient en échange le droit de présider l'élection des évêques. Au cours de la cérémonie, l'empereur donne au nouvel élu une investiture temporelle par le sceptre : il lui remet ainsi la gestion des biens de son évêché et le pouvoir politique qu'exercent alors les évêques dans l'Empire.

Ainsi prend fin la "querelle des Investitures".

La première CROISADE

1095-1099

Une ferveur religieuse intense

Au milieu du XIe siècle, l'Occident connaît de grands bouleversements. Le pape s'impose comme l'autorité majeure de la chrétienté. Non seulement il a obligé l'empereur germanique Henri IV à venir s'humilier devant lui à Canossa en 1077, mais en 1095 il a excommunié le roi de France, Philippe Ier, l'excluant ainsi de l'Église. Quant aux seigneurs, amateurs de guerres privées, ils ont accepté depuis environ un siècle de respecter la "trêve de Dieu" – qui leur interdit de se battre du mercredi soir au lundi matin –, et la "paix de Dieu" qui protège les clercs et les petites gens.
Pour les chrétiens du XIe siècle, la religion est au-dessus de tout : plutôt que de servir un prince terrestre, mieux vaut servir le Christ et mériter la vie éternelle. Beaucoup d'hommes et de femmes de ce temps participent à des pèlerinages, dont les plus fréquents sont ceux de Saint-Martin en France, depuis le XIIe siècle, Saint-Jacques-de-Compostelle, dans le nord-ouest de l'Espagne, et Rome. Dans toute l'Europe, les pèlerins se déplacent pour prier là où un miracle s'est manifesté, ou sur la tombe d'un saint. Mais, avec plus d'ardeur encore, tous désirent accomplir le pèlerinage de Jérusalem, sur les Lieux saints où vécurent Jésus et ses apôtres.
Depuis l'Antiquité, des pèlerins sont partis d'Occident vers Jérusalem. Mais les Lieux saints sont tombés aux mains des musulmans, qui ont conquis Jérusalem en 638, puis ont envahi l'Espagne et se sont avancés jusqu'à Poitiers, d'où Charles Martel les a repoussés en 732.

Le pape prêche la croisade

Au cours du XIe siècle, les difficultés des chrétiens pour aller en Terre sainte s'accroissent terriblement et les brimades des autorités musulmanes se multiplient. Démunis, les pèlerins se groupent par milliers et forment des pélerinages-expéditions. Dans cet Occident où la foi en Dieu est si intense, le pape Urbain pense que le moment est venu de demander aux chrétiens d'aller libérer Jérusalem. Il effectue un long voyage en France et, le 27 novembre 1095, réunit les évêques en concile dans la ville de

L'idée de croisade reste vivace durant des siècles. Sur cette gravure du XIVe siècle, le roi de France Charles IV (au centre, avec une robe couverte de fleurs de lys) assiste à une représentation montrant les conquêtes de Godefroy de Bouillon. Le chef des croisés, à l'avant du bateau, descend à terre puis s'avance vers Jérusalem qui est prise d'assaut (à droite).

Clermont, en Auvergne. Le pape demande aux volontaires de porter la croix sur leurs vêtements et de s'armer pour délivrer le tombeau du Christ, Jérusalem et la Terre sainte.

Pour convaincre des seigneurs chrétiens de former une armée et de partir, le pape leur offre l'indulgence plénière, c'est-à-dire le pardon total de leurs fautes s'ils meurent au combat. La participation à la croisade implique cette remise de peines spirituelles, manifestation de l'autorité du pape. Cependant, les seigneurs hésitent à abandonner leurs domaines : un rival pourrait s'en emparer puisque châteaux et terres ne seront plus défendus. Urbain II ordonne alors de marquer les biens des croisés d'une croix, ce qui les place sous la protection de l'Église. Celui qui ne respecterait pas cette protection serait aussitôt excommunié – privé des sacrements et banni de la communauté chrétienne.

La préparation financière et matérielle de la croisade est difficile : il faut de l'argent. Les seigneurs ont peu de liquidités, ils doivent vendre des terres ou emprunter en donnant leur domaine en gage à l'abbaye ou au prêteur qui avance l'argent. Au cas où les croisés mourraient en Terre sainte, la transmission de l'héritage est garantie. Tout est alors prêt pour l'expédition vers ces contrées inconnues.

Le départ pour Jérusalem

L'auteur, anonyme, d'une *Histoire des Francs et des autres pèlerins à Jérusalem* raconte que l'écho du discours d'Urbain II "s'étant répandu peu à peu dans toutes les régions et provinces des Gaules, les Francs, entendant ses paroles, se mirent aussitôt à coudre des croix sur leur épaule droite, disant qu'ils voulaient tous ensemble suivre les traces du Christ". Cependant, le pape n'avait sans doute pas prévu que le peuple des pauvres gens prendrait lui aussi la route de Jérusalem. Or les premières vagues de croisés ne regroupent que des paysans et des artisans, menés par un moine, Pierre l'Ermite, et un chevalier désargenté, Gautier sans Avoir. Cette "croisade des pauvres gens" n'a pas été préparée : les croisés doivent piller pour survivre. En Allemagne, ils massacrent des

La première croisade 1095-1099

- Monde chrétien
- Chrétiens d'Orient (orthodoxes)
- Chrétiens latins sous l'autorité du pape
- Monde musulman
- **Paris** Villes où se rassemblent les seigneurs et leurs soldats pour le départ de la première croisade en 1095
- **Cologne** Villes où se rassemble le peuple pour le départ de la première croisade en 1095
- Chemin parcouru par les seigneurs
- Chemin parcouru par le peuple
- États latins d'Orient

centaines de juifs, qu'ils accusent d'être responsables de la mort de Jésus. Beaucoup de ces croisés ne verront jamais Constantinople : le roi de Hongrie, qui ne veut pas recevoir ces bandes dangereuses, en tue des milliers lors de la traversée de son pays. Arrivés décimés en Asie Mineure – la Turquie actuelle –, les pèlerins sans défense, qui n'ont pas voulu attendre les seigneurs, sont écrasés par les musulmans le 21 octobre 1096. Les survivants sont vendus comme esclaves.

Les croisés prennent Jérusalem

La croisade des barons est placée sous l'autorité d'un envoyé spécial du pape, l'évêque du Puy, Adhémar de Monteil. Aucun roi ne participe à l'expédition. Le duc de Basse-Lorraine, Godefroy de Bouillon, s'affirme peu à peu comme le chef des croisés. Son expédition est préparée comme une entreprise militaire, même si les barons emmènent eux aussi des pauvres, des vieillards, des femmes et des enfants – la croisade n'est-elle pas d'abord un pèlerinage !

Les différentes colonnes arrivent successivement aux alentours de Constantinople, la capitale de l'Empire byzantin, entre Noël 1096 et mai 1097. L'empereur, Alexis Comnène, s'inquiète de la présence d'une telle armée et réclame pour lui les territoires qui vont être repris aux musulmans. Les croisés pillent alors les alentours de Constantinople, puis s'élancent enfin vers la Palestine.

En chemin, ils affrontent de terribles difficultés, la soif, les maladies, les fièvres, qui tuent hommes et chevaux. Malgré tout, les chrétiens conquièrent plusieurs villes, dans le Liban et la Syrie actuels, puis, enfin, ils s'emparent de Jérusalem plus de trois ans après leur départ, le 15 juillet 1099, et massacrent une grande partie de la population arabe et perse.

Le 22 juillet 1099, Godefroy de Bouillon, qui a refusé le titre de roi par humilité, accepte celui d'avoué du Saint-Sépulcre "afin de combattre les païens et de défendre les chrétiens". L'avoué était le représentant laïque d'un évêque ou d'un abbé ; Godefroy, lui, est l'avoué du Christ ! À sa mort, en 1100, son frère lui succède. Il était comte d'Édesse mais prend cette fois le titre de roi de Jérusalem : Baudouin Ier. Les croisés fondent ainsi quatre États en Terre sainte, qu'ils désignent par les noms de leur capitale : la principauté d'Antioche, les comtés d'Édesse et de Tripoli, et le royaume franc de Jérusalem.

L'aventure des croisades

La première croisade a permis de créer des États francs très loin de l'Occident, en Palestine, mais bientôt ceux-ci seront menacés et attaqués par les musulmans. Pour protéger les pèlerins, des sociétés à la fois religieuses et militaires sont créées, comme l'ordre des Hospitaliers en 1113, ou l'ordre du Temple en 1119. Le rôle de ces ordres est de combattre pour leur religion contre les musulmans, de protéger ou de soigner les pèlerins, et de prier Dieu. Des croisades se succèdent jusqu'au XIIIe siècle pour venir en aide aux Francs établis sur les Lieux saints et conserver les conquêtes de 1097-1099. Les deux dernières croisades, la septième et la huitième, furent conduites avec gloire mais sans succès par Saint Louis en 1248 et 1270. À la fin du XIIIe siècle, toute présence franque et catholique cesse en Terre sainte. L'idée de croisade n'en meurt pas pour autant, elle resurgit périodiquement. Au XVIe siècle encore, les États chrétiens partent en croisade contre les Turcs et écrasent la flotte ottomane au large de Lépante – en Grèce actuelle – en 1571.

La bataille de BOUVINES

27 juillet 1214

Philippe II Auguste, le roi conquérant

Lorsque Philippe II devient roi de France, en 1180, l'un de ses vassaux possède en France un domaine plus important que le sien : le roi d'Angleterre, seigneur de la Normandie, de l'Anjou et de l'Aquitaine. Philippe II se fixe comme objectif de chasser les Anglais de son royaume !
En 1202, Philippe II convoque devant sa cour le roi d'Angleterre, Jean, qui a enlevé la fiancée d'Hugues de Lusignan et a pris sa terre. Lusignan s'en est plaint au roi de France. Comme Jean ne se présente pas devant son suzerain, Philippe confisque tous ses domaines en France :
Jean d'Angleterre devient Jean sans Terre !
Le roi de France doit cependant conquérir les fiefs de Jean par les armes. La Normandie est soumise en 1206. Philippe II reçoit alors le surnom d'Auguste, à la fois parce qu'il est né au mois d'août – à Rome, ce mois avait été ainsi appelé en l'honneur de l'empereur Auguste – et parce que cela signifie que Philippe est "celui qui augmente son domaine, ses possessions", du latin *augere*, "accroître".
En 1213, Philippe Auguste affronte deux comtes rebelles, partisans de Jean sans Terre. Le premier est le comte Ferrand de Flandre, qui tire sa richesse du commerce des draps. Ferrand a tout intérêt à rester l'allié de Jean sans Terre, puisque c'est l'Angleterre qui lui fournit la laine pour la fabrication de ses draps. Le second rebelle est Renaud de Boulogne, qui désapprouve la politique anti-anglaise du roi de France. Les deux comtes sont alliés à un autre ennemi de Philippe, Otton de Brunswick, qui a perdu le titre d'empereur germanique en faveur de Frédéric II de Hohenstaufen, soutenu par Philippe Auguste. Jean sans Terre, de son côté, aide ses alliés rebelles en leur envoyant de l'argent.

Une victoire exemplaire

Au printemps de 1214, le royaume de France est en guerre. Le roi a formé deux armées, deux "osts" – du latin *hostis*, "l'ennemi, la troupe armée" –, grâce au service d'ost qui oblige les vassaux à fournir des

La bataille de Bouvines oppose de nombreux chevaliers, vêtus de hauberts (longues cottes de mailles) et protégés par des heaumes. Le plus souvent, leurs duels n'étaient pas mortels car il s'agissait de rançonner le vaincu.

soldats à leur suzerain. À l'ouest, dans le Poitou, un ost commandé par le fils de Philippe Auguste, le futur roi Louis VIII, se bat contre Jean sans Terre. Le 2 juillet 1214, le roi d'Angleterre est vaincu à La Roche-aux-Moines. En Flandre, dans le Nord, se trouve l'autre ost royal, commandé par Philippe Auguste, face aux rebelles menés par Otton.

Le 27 juillet 1214 est un dimanche. Depuis deux siècles, les religieux sont parvenus à imposer aux guerriers l'interdiction de se battre les jours consacrés à Dieu – c'est la "trêve de Dieu". Pour cette raison, Philippe Auguste refuse l'idée de combattre un dimanche et veut éviter l'affrontement. Guillaume le Breton, un homme d'Église, fidèle serviteur du roi Philippe, nous a laissé un long récit de la bataille de Bouvines, à laquelle il a assisté.

Après avoir franchi le pont de Bouvines, Philippe quitte son armure et se repose. Il est en train de manger un peu de pain trempé dans du vin lorsqu'un messager lui apprend que son arrière-garde, celle qui protège la queue de son armée, vient d'être attaquée par les troupes d'Otton. Le roi hésite encore, car il veut respecter la trêve de Dieu, mais les grands seigneurs qui l'accompagnent affirment que fuir serait déshonorant. Il faut accepter le combat !

Frère Guérin, l'évêque de Senlis, un proche conseiller de Philippe, le convainc tout à fait en lui montrant l'avantage tactique dont son armée bénéficie à cet endroit. En effet, les troupes d'Otton sont sur les hauteurs, mais elles ont le soleil dans les yeux, qui les gêne. Philippe Auguste prie Dieu de le soutenir puis se prépare au combat.

Les premiers assauts se situent loin du roi, sur l'aile droite de son armée, où des cavaliers non nobles, les sergents à cheval, attaquent les chevaliers du comte de Flandre. Puis les chevaliers français, à leur tour, se lancent à l'attaque.

La bataille de Bouvines se transforme alors en une multitude de duels où les chevaliers des deux camps s'affrontent et tentent de faire des prisonniers, ce qui leur permettra de tirer une rançon auprès des familles de leurs adversaires, après le combat. Les simples soldats à pied et sergents à cheval, eux, se battent à mort, et cherchent à tuer les ennemis qui tombent entre leurs mains, car à ce niveau "social", il n'y a pas de rançon à espérer !

Le combat commence vers deux heures de l'après-midi. Les hommes du comte de Flandre sont les premiers à plier sous les coups. Ils cèdent. Le comte est fait prisonnier. Au centre, Otton est mis hors de combat : son cheval a été tué. Il réclame aussitôt une autre monture et… s'enfuit, se déshonorant à jamais.
Le comte rebelle Renaud de Boulogne est enfin obligé de se rendre : son cheval est tué et, en tombant, lui coince la jambe. Renaud est fait prisonnier tandis que les terribles mercenaires de l'armée d'Otton, ces soldats venus de tous les pays et payés pour faire la guerre, sont exterminés par les Français.

Le pouvoir du roi se renforce

Le roi de France a vaincu deux puissants vassaux rebelles et a capturé environ cent cinquante chevaliers ennemis. Les comtes de Flandre et de Boulogne sont enchaînés sur des chariots. Ce spectacle réjouit les paysans qui voient passer cet étonnant cortège en route vers le sud.
Otton a perdu tout prestige et meurt en 1218. Renaud de Boulogne, qui mérite la mort pour avoir trahi son suzerain en prenant les armes contre lui, est abandonné en prison à Péronne, en Picardie, où il décède en 1227. Ferrand de Flandre est emmené jusqu'à Paris, où il est enfermé dans une nouvelle tour fortifiée : la tour du Louvre – c'est en effet Philippe Auguste qui a commencé la construction d'un château à l'emplacement du Louvre actuel, et de récentes fouilles ont mis au jour ce premier ouvrage.
La victoire de Bouvines permet à Philippe Auguste de réduire à néant deux rebelles. Surtout, sa victoire est celle de tout son royaume : les communes ont fourni les soldats à pied, cette "piétaille" qui s'est dignement battue contre les mercenaires. Le roi les récompense en leur confiant la garde de nombreux chevaliers ennemis capturés dont les communes pourront tirer de belles rançons. Ce geste symbolique est essentiel : le roi, en partageant sa victoire avec son peuple, renforce à la fois la légitimité de sa dynastie et l'affection que lui portent ses sujets.

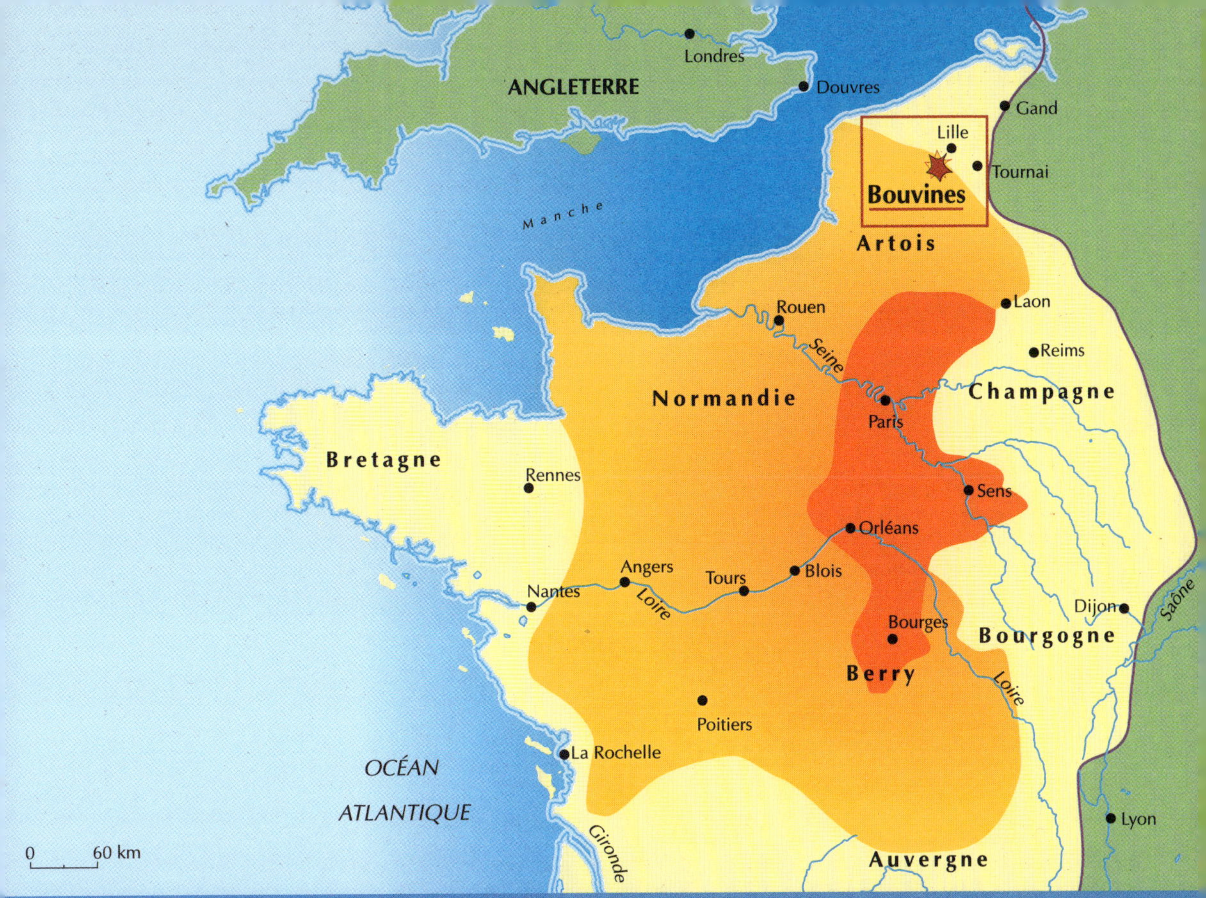

Le royaume de France sous le règne de Philippe II Auguste
(roi de 1180 à 1223)

Domaine royal en 1180 — Agrandissement du domaine royal de 1180 à 1223 — Frontière de la France

La bataille de Bouvines
le 27 juillet 1214

Marche des troupes d'Othon avant le 27 juillet

Bataille à Bouvines
le 27 juillet 1214 :

Position des troupes d'Othon — Position des troupes de Philippe Auguste — Marche des troupes de Philippe Auguste à partir du 27 juillet

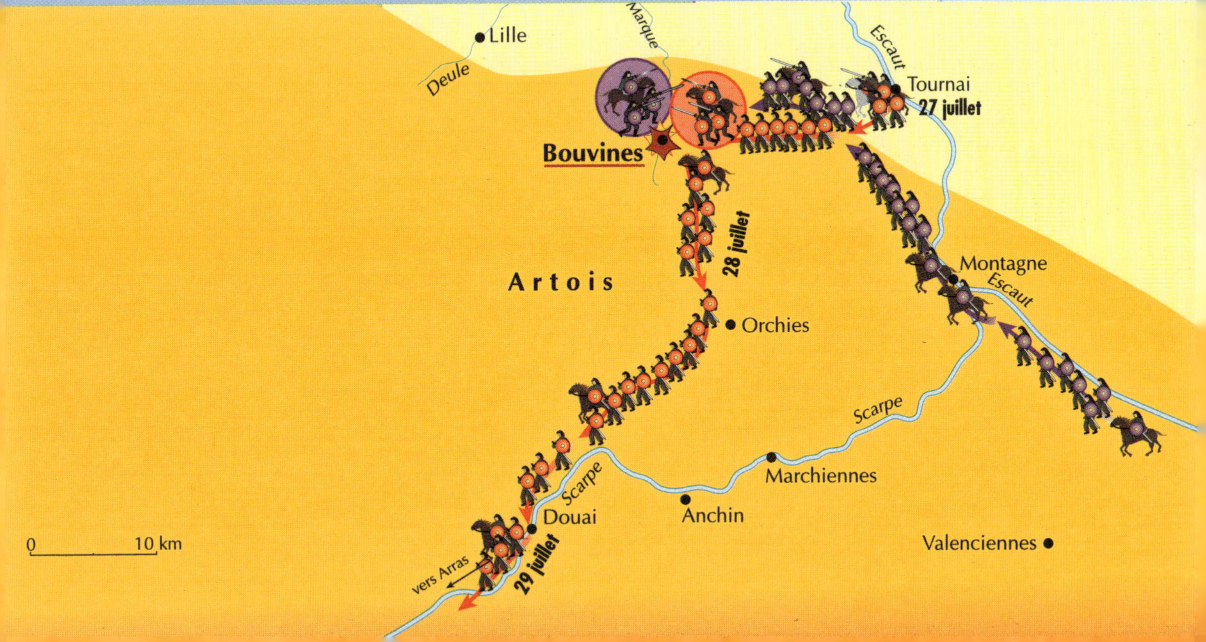

La floraison des cathédrales

XIe-XIVe siècle

De 1050 à 1350, la France se couvre d'un “blanc manteau d’églises”. Deux mille au total, dont quatre-vingts cathédrales. Cent mille ouvriers travaillent à leur construction. Des millions de tonnes de pierres sont extraites, qui font de cette entreprise prodigieuse l’un des plus vastes chantiers de tous les temps.

Les cathédrales gothiques sont beaucoup plus nombreuses dans la moitié nord de la France, où elles forment une couronne autour de Paris : Reims, Soissons, Laon, Amiens, Beauvais, Rouen, Le Mans, Chartres, Sens. Elles illustrent le rayonnement de la monarchie capétienne et témoignent du formidable élan de ferveur de cette époque, qui a jeté sur les routes des foules de pèlerins vers Saint-Jacques-de-Compostelle et, sur les mers, des armées de croisés vers la Terre sainte.

Les cathédrales sont avant tout des actes de foi, mais l’amour divin a eu besoin de la richesse des hommes pour les édifier dans leur splendeur et leur majesté.

Une grande richesse

Au début du XIIe siècle, les villes jouissent d’une grande prospérité. Les richesses de la campagne affluent vers elles : les céréales, le vin, la laine. Le commerce devient peu à peu florissant. À la suite des croisades, les échanges entre l’Orient et l’Occident se sont intensifiés. Les foires de Champagne, de Flandre et d’Île-de-France attirent marchands et acheteurs de toute l’Europe. Les villes les plus dynamiques se détachent de l’autorité seigneuriale. Elles s’organisent en communes et jouissent officiellement d’une plus grande liberté. Ces progrès et l’essor des cathédrales sont profondément liés.

La population des villes s’accroît. Les murs de la cité deviennent trop étroits : celle-ci s’étend, déborde l’enceinte. Les villes construisent de nouveaux remparts et des édifices à la mesure de leurs besoins et de leur orgueil. Les cathédrales sont les chefs-d’œuvre les plus représentatifs de cette époque ambitieuse.

Leur édification coûte très cher. L’évêque, maître officiel de la cathédrale,

L'art gothique laisse pénétrer la lumière dans les cathédrales. Leurs immenses ouvertures sont ornées de vitraux, composés d'éléments de verre coloré, assemblés à l'aide de plomb. Ces verrières, souvent admirables, représentent aussi bien des motifs religieux que des scènes de la vie quotidienne.

et surtout les chanoines du chapitre – les clercs qui chantent l'office quotidien dans la cathédrale et gèrent son entretien – doivent chercher sans cesse des ressources. Parfois, plus d'un siècle durant, ils sollicitent les dons des fidèles. Les citoyens les plus fortunés sont invités à donner une partie de leurs biens pour la construction, afin d'assurer leur salut. Les riches bourgeois se montrent d'autant plus généreux qu'ils sont fiers de leur ville, de sa liberté chèrement conquise, de sa renommée. La cathédrale symbolise cette réussite. Rien n'est trop beau pour elle, ni trop majestueux. La plupart des nouveaux édifices sont assez vastes pour accueillir l'ensemble de la population urbaine. Sa splendeur éblouit les visiteurs étrangers et alimente la foi et l'enthousiasme des fidèles.

La cathédrale est le cœur vivant de la cité. Elle n'est pas isolée comme aujourd'hui, mais son parvis – la place qui la précède – est entouré de maisons et de boutiques. La ville la pénètre, lui communique son animation. Seul le sanctuaire est réservé à l'évêque. Dans la nef et les bas-côtés, on circule librement. Pas de chaises. Les gens discutent à haute voix. Ils peuvent manger, dormir, introduire des animaux. Lorsque les cités n'ont pas d'hôtel de ville, les représentants des communes y tiennent leurs assemblées. Sur le parvis se jouent les mystères, des représentations théâtrales à caractère religieux.

Mais, avant d'en arriver là, il faut achever l'édifice. Or les dépenses dépassent presque toujours les prévisions. Faute d'argent, les chanoines ne peuvent plus payer les ouvriers et ceux-ci vont chercher du travail ailleurs : ce ne sont pas les constructions qui manquent. Le chantier ferme provisoirement. Puis il reprend, parfois quelques années ou décennies après. Plusieurs générations de bourgeois vivent ainsi au milieu des échafaudages, des voies provisoires, des chaos de matériaux, avec l'espoir que leurs enfants verront enfin l'œuvre grandiose achevée. Cependant, malgré tous ces efforts, la plupart des cathédrales ne seront jamais tout à fait terminées : aujourd'hui encore, il leur manque souvent une tour, une flèche ou un bas-côté.

S. EVCRODA

L'énergie créatrice

Pour mener à bien leurs travaux, les chapitres recrutent de grands architectes. Ils les engagent pour un an, plusieurs années, ou toute une vie, en leur offrant des contrats avantageux et toutes sortes de privilèges.
Ces bâtisseurs de génie conçoivent le monument dans sa globalité. Ils maîtrisent l'ensemble des techniques de construction et savent donner au plan de l'édifice une rigueur mathématique. Certains d'entre eux ont assimilé les leçons de géométrie dispensées par les universités arabes d'Espagne, ouvertes aux chrétiens et aux juifs. Mais leur savoir est souvent issu de leur expérience et ils le gardent jalousement. L'un d'entre eux, Villard de Honnecourt, nous a laissé un précieux manuscrit où il a rassemblé ses observations et ses techniques. Présents sur le chantier, les bâtisseurs maîtrisent la construction dans les moindres détails. Comme les travaux durent très longtemps, une vie d'architecte ne suffit pas. Plusieurs bâtisseurs se succèdent. Grâce à eux, les techniques évoluent.
Du XIe au XIVe siècle, des centaines d'innovations modifient l'architecture des cathédrales et les méthodes de construction. Ces progrès procèdent d'une double volonté : faire davantage entrer la lumière et atteindre des hauteurs à la limite de l'impossible – cent quarante-deux mètres pour la flèche de Strasbourg.
La croisée d'ogives est utilisée pour la première fois en 1122. Grâce à elle, on obtient une armature de pierre qu'il suffit désormais d'habiller de minces parois. Puis, vers 1180, paraît l'arc-boutant extérieur qui renforce encore la stabilité de l'édifice. Ainsi, les nefs des cathédrales peuvent atteindre des hauteurs extraordinaires – quarante-huit mètres à Beauvais – et leurs murs sont percés d'immenses fenêtres ornées de vitraux qui inondent la cathédrale de lumière, pour permettre aux âmes de s'élever vers Dieu : c'est le génie de l'art gothique.
Les architectes ne sont pas seuls à accomplir cette révolution architecturale. Des milliers d'ouvriers y participent aussi : tailleurs de pierre, sculpteurs, charpentiers, couvreurs, maçons, plâtriers, verriers, forgerons, enfin, qui fabriquent des outils en acier de plus en plus résistants, capables de tailler des pierres plus dures. Ce progrès permet aux constructeurs

de concevoir des colonnes plus minces et plus hautes, aux sculpteurs de réaliser des statues d'une grande finesse. Les nouveaux outils aident les charpentiers à réaliser des voûtes en bois qui sont de purs chefs-d'œuvre. Les couvreurs innovent, eux aussi, en associant de manière esthétique et pratique le plomb, la tuile et l'ardoise. Les toitures des cathédrales sont souvent admirables, et les techniques de protection multiples. Les architectes inventent notamment un réseau ingénieux de rigoles aboutissant à des gargouilles qui rejettent l'eau de pluie loin des murs. Pour faciliter les travaux d'entretien, ils aménagent toutes sortes d'escaliers et de couloirs de service, dissimulés, permettant de circuler en cas d'incendie. Architectes et ouvriers perfectionnent sans cesse leurs techniques, car ils peuvent se rendre d'un chantier à l'autre, de Paris à Reims, de Sens à Cologne. La liberté de travail et de circulation est absolue.

Cet élan créatif fait merveille jusqu'à la fin du XIIIe siècle. Ensuite, le génie des bâtisseurs s'essouffle. La ferveur religieuse prend d'autres formes. L'expansion économique décline. La centralisation monarchique remet en cause l'indépendance des communes. La liberté du travail disparaît au profit de corporations – associations réglementant les diverses professions – qui enferment les ouvriers dans une structure rigide. Surtout, la guerre de Cent Ans entraîne la fermeture de la plupart des chantiers français, en raison de l'insécurité et de l'appauvrissement général.

Mais, la paix revenue, le formidable élan qui avait suscité la construction des cathédrales sera pratiquement brisé.

La croisade contre les ALBIGEOIS

XIIIe siècle

Le 22 juillet 1209, une armée portant la croix comme les chevaliers de la croisade en Terre sainte vient mettre le siège devant Béziers, l'une des grandes villes du Languedoc, coupable d'abriter un certain nombre d'hérétiques cathares, adeptes de croyances condamnées par l'Église. Bien qu'en très grande majorité catholiques, les vingt mille habitants de la ville ont refusé de livrer leurs frères au châtiment de l'Église et se sont préparés à résister aux croisés. Pour la plupart, ces croisés sont des barons du Nord qui ont répondu nombreux à l'appel du pape Innocent III, pour gagner leur salut et amasser du butin. Cette armée de croisade n'est guère différente des autres armées. Un peu plus fanatique, peut-être, car elle se bat au nom de la foi, persuadée que ses excès lui seront pardonnés.

Les habitants de Béziers sont effrayés, mais confiants car leurs ennemis ne sont là que pour quarante jours. Passé ce temps, ils rentreront chez eux. Or quinze jours se sont déjà écoulés depuis le début de la croisade. Il reste moins d'un mois. La ville, fortifiée, bien armée et ravitaillée, est capable de résister bien au-delà.

Les Biterrois sont si confiants qu'ils laissent sortir un groupe de cavaliers pour défier leurs adversaires. Profitant de cette imprudence, quelques hommes s'infiltrent dans la ville et commencent à massacrer la population et à se livrer au pillage.

Les croisés, surpris par ce succès inattendu, attaquent à leur tour. Tout en affrontant les Biterrois, ils chassent les pillards qui s'approprient le butin. Les pillards mettent le feu à la ville. Or, comme dans la plupart des autres cités médiévales, les maisons de Béziers sont en bois. La ville devient un immense brasier. Prisonniers de leurs remparts, brûlés, massacrés, les Biterrois succombent. Très peu en réchappent. Dans une lettre adressée au pape, Arnaud Amaury, abbé de Cîteaux et chef de la croisade, déclare avoir fait mettre à mort, ce jour-là, vingt mille hérétiques.

La religion des "purs"

Qui sont donc ces hérétiques qui ont provoqué l'envoi d'une croisade en terre chrétienne et ont justifié un massacre aussi effroyable ?
Nous les appelons aujourd'hui cathares, du grec *katharos*, les "purs". Mais au XIIIe siècle, on les nomme albigeois, parce qu'ils sont particulièrement nombreux dans la région d'Albi. Eux-mêmes se donnent le nom de "bons chrétiens". Comme d'autres depuis l'an Mil, ils prétendent revenir à la pureté de l'Église primitive, celle des premiers chrétiens et des apôtres. En réalité, ils prêchent et pratiquent une nouvelle religion, différente du christianisme.
La religion cathare se fonde sur deux principes essentiels et opposés, le Bien et le Mal, et deux mondes – celui de la matière et celui de l'esprit. Elle s'inspire de la doctrine développée par Mani au IIIe siècle en Perse – le manichéisme –, fondée sur la dualité, l'opposition entre deux principes. Ce courant resurgit souvent au Moyen Âge. Selon la religion cathare, Dieu, parfait et éternel, n'a pas créé le monde de la matière, qui appartient au diable, mais uniquement celui de l'esprit.
Le Christ a dit : "Mon royaume n'est pas de ce monde." C'est l'une des citations favorites des cathares. Il s'agit donc d'éviter de perpétuer un monde voué au Mal. Les cathares tendent à croire que les âmes indignes d'entrer dans le royaume de Dieu se réincarnent indéfiniment dans le corps des hommes et des animaux. Cette doctrine a pour nom la métempsycose. Pour se libérer enfin de la prison de la matière diabolique, les fidèles doivent éviter d'avoir des enfants et les femmes doivent se réincarner dans une "peau" d'homme pour être sauvées. Le catharisme recommande de s'abstenir de rapports charnels, de se garder d'invoquer le nom du Seigneur ou de consommer de la viande. Leurs chefs, qu'on appelle les "bons hommes" ou les "parfaits", appliquent ces règles avec rigueur. Leur vie, exemplaire, tranche avec la vie facile de beaucoup d'évêques et de prêtres catholiques.
Ce comportement, qui rappelle la sainteté des premiers chrétiens, n'est pas le seul attrait de cette religion. Les "bons hommes" possèdent une connaissance approfondie des Écritures. Ils font preuve d'une éloquence

Les Albigeois

Les albigeois qui refusaient d'abjurer leur religion hérétique étaient condamnés au bûcher.

remarquable qui leur permet d'affronter les orateurs catholiques dans les débats publics.
La religion cathare est simple et utilise la langue d'oc, au lieu du latin. Exigeants avec eux-mêmes, les "parfaits" se montrent indulgents à l'égard des fidèles. Ils les encouragent à être meilleurs au lieu de les condamner. Avant de mourir, les croyants reçoivent un sacrement : le *consolamentum*, qui les lave de toute faute et leur donne la certitude du salut. Plus proche, plus humaine, plus commode, cette religion recèle un formidable pouvoir de séduction dans le sud-ouest de la France, beaucoup moins bien évangélisé à l'origine que le nord du pays.

Extension et extinction du catharisme

La religion cathare ne se borne pas au midi de la France. Elle se répand, sous des formes semblables, en Lombardie, en Toscane, en Catalogne, en Rhénanie, en Champagne, en Flandre. Mais elle connaît une destinée particulière en Languedoc, car elle sait conquérir les élites de la grande bourgeoisie urbaine et des chevaliers. L'hérésie prend ainsi parfois une sorte de caractère quasi officiel qui légalise son existence.
Pour lutter contre elle, l'Église utilise d'abord la prédication, mais les évêques, pour la plupart mal instruits, ne possèdent pas les connaissances suffisantes pour affronter les champions de l'Église cathare. Le pape fait appel aux moines cisterciens, qui passent alors pour l'élite des prédicateurs. Nouvel échec, les abbés cisterciens sont perçus comme de grands seigneurs, durs et arrogants, à l'exemple du légat du pape, Arnaud Amaury.
Reste le recours aux armes : la croisade. Le grand massacre de Béziers frappe le Languedoc comme la foudre. Superstitieux, les hommes de ce temps perçoivent le fléau comme une punition du Ciel. Des centaines de villes et de châteaux se soumettent aussitôt. Cependant, les cathares se cachent, avec la complicité d'une partie de la population, et il faut près d'un siècle pour éliminer l'hérésie.

La conquête "spirituelle" s'accompagne d'une conquête militaire. Au cours de celle-ci se distingue un seigneur d'Île-de-France, Simon de Montfort. Fervent catholique, audacieux, bon stratège, impitoyable et fanatique, celui-ci est l'instrument idéal pour la papauté. Avec une poignée de chevaliers – car la grande armée croisée s'est démobilisée très rapidement –, Montfort conquiert peu à peu le Midi, dont les seigneurs sont divisés. Puis l'intervention des rois de France permet le rattachement du pays à la couronne.
Cependant, si elle soumet les populations, la conquête militaire ne déracine pas le catharisme. L'installation de l'Inquisition – tribunal créé pour juger les crimes d'hérésie –, le recours à la délation et à la torture, les condamnations au bûcher sont plus efficaces, mais le catharisme survit et ses fidèles sont considérés en secret comme des martyrs et des héros.
C'est par la prédication, et non par la violence, que l'Église arrivera finalement à reconquérir la confiance et l'influence qu'elle a perdues.
Dès 1215, au concile de Latran, assemblée d'évêques destinée à régler les grands problèmes de l'église, le pape Innocent III, tout en justifiant les reconquêtes de Simon de Montfort – à qui il donne le comté de Toulouse –, ordonne la croisade de la parole après celle des armes. Face aux "bons hommes", les religieux doivent désormais posséder une solide connaissance des textes saints. La fondation de l'université de Toulouse au cœur du pays cathare et celle de l'ordre des Frères prêcheurs, les Dominicains, vont permettre de former des générations de théologiens et de prédicateurs beaucoup mieux instruits que leurs prédécesseurs. À leur tour, ils prêchent par la parole et par l'exemple de leur vie pauvre et irréprochable.

Définitivement vaincus en 1244 après la prise de Montségur, où deux cents d'entre eux périrent par le feu, les cathares disparurent. Leur seule victoire fut d'inciter l'Église catholique à prendre conscience de ses faiblesses et à se réformer.

La reconquête de l’Espagne

XIe-XIIIe siècle

En 1087, un guerrier légendaire défend victorieusement Valence, l'une des plus grandes villes d'Espagne, avec une poignée de chevaliers et d'alliés musulmans, contre la redoutable armée des Almoravides, des Berbères musulmans originaires du Maroc et installés au sud de l'Espagne. L'année précédente, les Almoravides ont écrasé les troupes du roi de Castille. Le guerrier qui s'oppose à eux se nomme Rodrigo Diaz de Bivar. On le surnomme le Cid Campeador. Le Cid vient de l'arabe *sayyid*, qui signifie "seigneur", et Campeador du latin *campi doctor*, "maître du champ de bataille". Fier, vaillant, rusé, indomptable, souvent cruel, le Cid, en effet, n'a jamais été vaincu. Son histoire a inspiré, depuis le Moyen Âge, d'innombrables œuvres : épopées, tragédies, films et romans historiques. Chef de guerre au service du roi de Castille, puis injustement disgracié, Rodrigo combat aux côtés des musulmans, à Saragosse et à Valence, comme bien d'autres seigneurs chrétiens de ce temps.
Maître de Valence et de ses riches territoires, vainqueur des Almoravides, combattants fanatiques, le Cid incarne le combat des chrétiens lancés à la reconquête de l'Espagne occupée par les musulmans depuis l'an 711. Cette année-là, une armée berbère encadrée par les Arabes avait écrasé l'armée du roi wisigoth Rodéric. Et six ans plus tard, toute la péninsule Ibérique – l'Espagne et le Portugal actuels – était conquise, excepté le petit royaume des Asturies, au nord-ouest, au pied des Pyrénées. Au début, les chrétiens acceptent la domination musulmane, qui n'a rien de tyrannique. C'est peu à peu que l'ambition de reconquérir les terres perdues voit le jour.

La guerre et la foi

La Reconquête n'est pas une guerre permanente, mais une succession d'opérations militaires, fertiles en péripéties, qui durent plusieurs siècles. Les chrétiens ont deux objectifs : libérer leur terre de la domination étrangère et conduire une guerre sainte. Mais le premier objectif l'emporte très largement sur le second. Les Maures – musulmans maîtres de l'Espagne – sont des envahisseurs et leurs riches territoires

1. Épisode de la Reconquista : une armée assiège une ville. On voit à l'œuvre les sapeurs chargés de percer les murailles à coups de pics.

2. Sur ces galères musulmanes, les rameurs sont des esclaves chrétiens et des Noirs.

sont bons à conquérir. Cependant, la tâche n'est pas facile car l'Espagne musulmane, Al-Andalus, l'Andalousie, est puissante. Depuis 929, elle dépend du califat de Cordoue, territoire sous la domination d'un souverain musulman, le calife. Les chrétiens, appelés mozarabes, y bénéficient d'une grande liberté. Moyennant le versement de certains impôts, ils peuvent exercer leur religion et occuper de hautes charges : ils parlent l'arabe et ont créé une littérature et une poésie chrétienne en arabe.
C'est dans le royaume des Asturies que naît l'idée d'une reconquête chrétienne, sous la protection de saint Jacques de Compostelle. Cependant, les Asturies forment un État modeste, et les autres royaumes chrétiens du nord, la Navarre et l'Aragon, sont perpétuellement divisés par les conflits dynastiques.
La chance sourit aux chrétiens au début du XIe siècle. Le puissant califat de Cordoue s'effondre. Al-Andalus se scinde en vingt-trois petits royaumes, les *taïfas*, qui pour survivre paient souvent les princes chrétiens qui les protègent. De son côté, l'Espagne chrétienne renforce sa puissance et tend vers l'unité. Le roi Sanche III domine tout le nord de la péninsule. Il organise le pèlerinage de Saint-Jacques-de-Compostelle, qui devient le plus célèbre d'Occident, et favorise l'implantation des moines de Cluny, le plus grand et le plus influent des ordres monastiques chrétiens de ce temps. À sa mort, l'État de Sanche est divisé en trois royaumes : la Castille, la Navarre et l'Aragon.
C'est le roi de Castille Alphonse VI qui reprend victorieusement l'idée de Reconquête. En 1085, il s'empare de Tolède, l'ancienne capitale des Wisigoths qui occupaient l'Espagne avant l'arrivée des musulmans. Cet élan est brisé par l'irruption d'une nouvelle dynastie musulmane, les Almoravides. Venus d'Afrique du Nord, ces Berbères s'emparent de l'Andalousie, écrasent les Castillans à Zalacca et reprennent Tolède.
Après cet échec, pendant près d'un siècle, la Reconquête se fige car l'Espagne chrétienne est à nouveau divisée. Il faut un nouveau désastre pour la relancer. En 1195, une nouvelle dynastie musulmane arrive au pouvoir : les Almohades. Ces combattants fanatiques écrasent l'armée d'Alphonse VIII, roi de Castille, à Alarcos. Cet événement dramatique réveille les consciences. Ce n'est pas tellement l'appel du pape

à la croisade, car il rencontre un faible écho, mais l'union de tous les chrétiens d'Espagne qui permet enfin à la Reconquête d'aboutir.
Le 15 juillet 1212, les armées de Castille, d'Aragon et de Navarre remportent la victoire de Las Navas de Tolosa. Grâce à elle, toute la péninsule Ibérique redevient chrétienne, sauf le petit royaume de Grenade qui survit jusqu'en 1492.

Une civilisation originale

Il ne faut pas imaginer l'Espagne, lors de sa reconquête, comme un foyer permanent de haine, de fanatisme et d'atrocités. Entre les deux civilisations, chrétienne et musulmane, beaucoup d'échanges pacifiques ont permis à chacune de s'enrichir.
Dans les deux camps, les populations conquises jouissent d'une certaine tolérance. Les mozarabes conservent leur administration civile – les comtes, chargés de lever les impôts et d'appliquer la justice – et leur hiérarchie religieuse. Ils adoptent rapidement l'arabe comme langue de culture et de communication. Signe de leur assimilation : un grand nombre d'entre eux abandonnèrent Tolède pour l'Andalousie après la conquête de la ville par Alphonse VI.
Les mudéjars, musulmans vivant en terre chrétienne, connaissent une existence plus précaire. Cependant, une tolérance s'instaure, dictée par la nécessité plus que par l'idéal. En effet, les terres nouvellement conquises réclament une main-d'œuvre abondante. Et l'exode des populations, surtout rurales, pose de graves problèmes aux nouveaux maîtres du pays.
Au cours de cette période, seules certaines influences religieuses extrêmes poussent à l'intolérance : celle des Almohades, musulmans intégristes, au Sud ; celle des moines de Cluny, au Nord. L'un d'entre eux, dom Bernard, devenu évêque de Tolède, transforme ainsi la Grande Mosquée en église, au mépris de l'engagement d'Alphonse VI.
En dehors d'influences sporadiques, c'est à partir du XIIe siècle, dans la région reconquise située entre l'Èbre et le Tage, que s'opère la véritable osmose entre les cultures arabe et chrétienne. Grâce à elle, l'Europe

découvre le savoir oriental et renoue avec celui de l'Antiquité classique que les Arabes avaient reçu en héritage. Tolède est l'un des foyers où s'effectue cet échange, sous l'impulsion d'Alphonse X.

Chez les seigneurs chrétiens, la civilisation de l'islam devient à la mode. Ils se passionnent pour l'habillement, le mobilier, l'art, les mœurs chevaleresques des musulmans. De part et d'autre du front, les guerriers se respectent et font assaut de courtoisie. Des fêtes les réunissent. Des mariages mixtes sont célébrés. L'art mudéjar s'épanouit en terre chrétienne. L'architecture romane emprunte les matériaux et les formes arabes. Ce métissage culturel contribue à donner à l'Espagne d'avant la Reconquête une place originale dans l'Europe chrétienne.

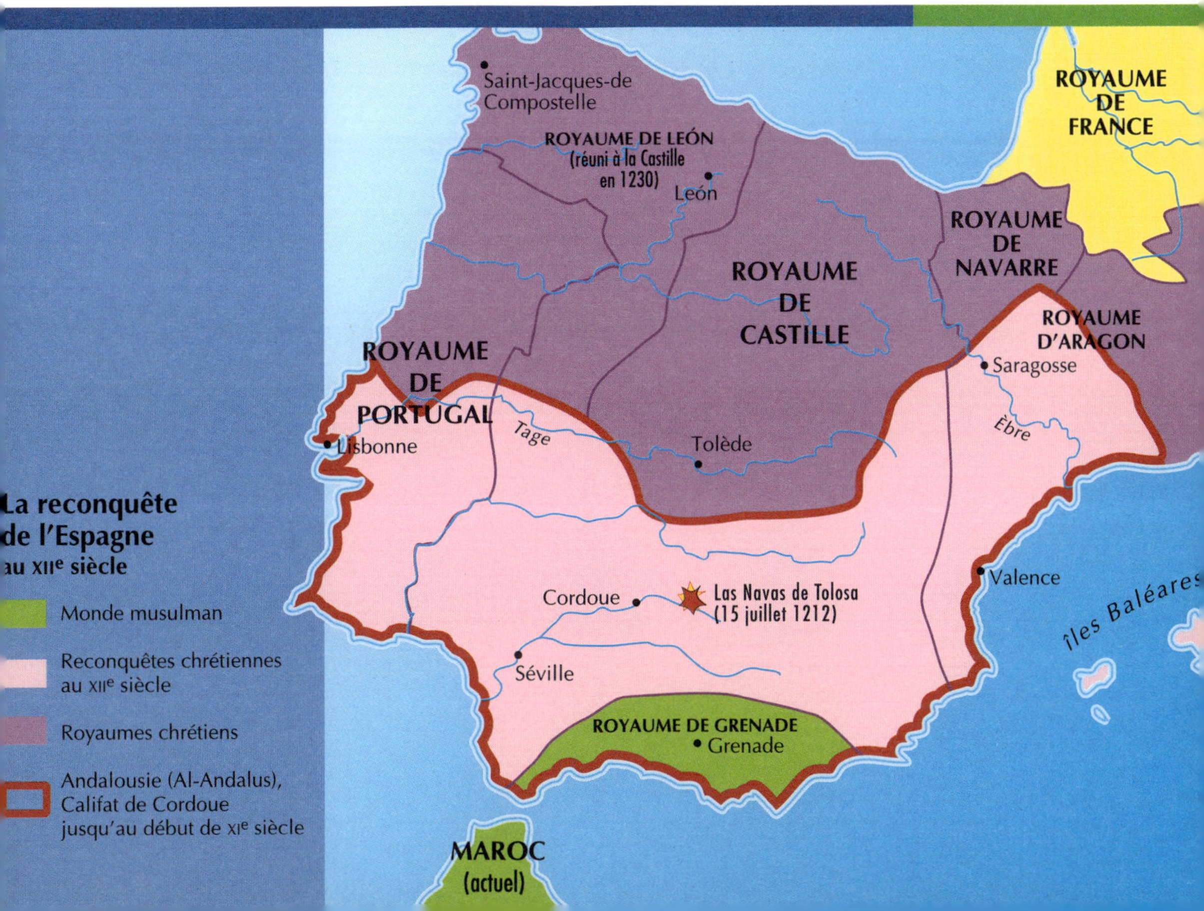

CONCLUSION

La plus grande partie de la période abordée dans cet ouvrage est caractérisée par l'esprit de reconquête et la richesse. Richesse de l'économie, de l'agriculture, du commerce et des villes, splendeur de l'architecture religieuse et de l'art. Les hommes, mieux nourris, plus robustes, sont plus nombreux. Ils se lancent dans de grandes entreprises, sous l'autorité des rois et de l'Église. Mais à la fin du XIIIe siècle, peu à peu, cet essor s'infléchit et se brise. Les récoltes sont moins bonnes, les famines renaissent, entraînant des soulèvements populaires. L'économie seigneuriale est sur le déclin. Bien des terres agricoles, gagnées sur la forêt, reviennent en friche et des villages sont abandonnés. Les grandes constructions s'arrêtent. Les croisades s'interrompent. Les impôts royaux et seigneuriaux pèsent de plus en plus lourdement sur des populations en difficulté. La natalité baisse.

Au début du XIIIe siècle, la société médiévale, fragile, est à la merci d'une épidémie ou d'une guerre : l'une et l'autre – la peste noire et la guerre de Cent Ans – vont l'accabler pendant plus d'un siècle.

Dans la même collection

Autrement Junior série "Histoire"

N° 1
LE MONDE GREC
Des Mycéniens à Alexandre le Grand
textes de Laurence Lhommedet
et de Claude Merle
relecture scientifique par Claude Mossé

N° 2
LE HAUT MOYEN ÂGE
Des Grandes Invasions à l'apogée de Constantinople
textes de Laurence Lhommedet
et de Claude Merle
relecture scientifique par Jean Chélini

N° 3
LE RACISME
De la traite des Noirs à nos jours
textes de Philippe Godard
relecture scientifique par Louis Sala-Molins

N° 4
DES FEMMES DANS L'HISTOIRE
Du IXe siècle à nos jours
textes de Philippe Godard
relecture scientifique par Joël Cornette

N° 5
LA FRANCE EN RÉVOLUTION
1789-1799
textes de Philippe Godard
relecture scientifique par Joël Cornette

N° 6
LES GUERRIERS
Des gladiateurs aux samouraïs
textes de Claude Merle
relecture scientifique par Joël Cornette

N° 8
L'ALIMENTATION DANS L'HISTOIRE
De la préhistoire à nos jours
textes de Claude Merle
et de Philippe Godard

À PARAÎTRE

Les guerres de Religion
De Savonarole à la guerre de Trente Ans
Textes de Philippe Godard
et de Laurence Lhommedet

Les grands explorateurs
Textes de Claude Merle et de Laure Mistral

L'Algérie
Textes de Jean-Jacques Jordi

L'Inde
Du XVIIIe siècle à nos jours
Textes de Philippe Godard
et de Shubha Chacko

SOURCES ICONOGRAPHIQUES

p. 13 *Hommages du comté de Clermont-en-Beauvaisis*, (Fr 20082, f° 8), Paris, BNF ;
p. 19 *Ordre de la consécration et du couronnement des rois de France*
(Lat 1246, f° 26), Paris, BNF ; p. 25 *Tapisserie de Bayeux*, musée de Bayeux ;
p. 31 *Décret de Gratien*, 1142, Troyes, Bibliothèque municipale ;
p. 35, *Grandes Chroniques de Charles V* (Fr 2813, f° 473 v°), Paris, BNF ;
p. 41 "*Histoire du Graal*" de Robert de Borron, Paris, BNF ; p. 47 D.R. ;
p. 59 Miniatures des "*Cantigas*", Paris, Bibliothèque de l'Escurial.

Féodalité et croisades Autrement Junior Histoire
Publié par les Éditions Autrement,
17, rue du Louvre, 75001 Paris
Tél. : 01 40 26 06 06 - Fax : 01 40 26 00 26

ISSN : 1269-8733 - ISBN : 2-7467-0178-2
Dépôt légal : 1er trimestre 2002
Imprimé et broché en France par Partenaires-Livres